AF617184

GUERRA Y ESCLAVOS EN GRECIA Y ROMA

PUNTO DE VISTA EDITORES

LUCIANO CANFORA

GUERRA Y ESCLAVOS EN GRECIA Y ROMA

EL MODO DE PRODUCCIÓN BÉLICO

Traducción de Álida Ares

PUNTO DE VISTA EDITORES

Colección Historia y pensamiento, 56
Serie Perspectivas, 1

Título original: *Guerra e schiavi in Grecia e a Roma. Il modo di produzione bellico*

Este libro ha sido traducido gracias a la Ayuda a la traducción del Ministerio de Asuntos Exteriores y de la Cooperación italiano.
Questo libro è stato tradotto grazie a un contributo del Ministero degli Affari Esteri e della Cooperazione italiano.

Primera edición: octubre, 2025

Publicado por Punto de Vista Editores
C/ Mesón de Paredes, 73
28012 (Madrid, España)
info@puntodevistaeditores.com
puntodevistaeditores.com
@puntodevistaed

Coordinación editorial: Miguel S. Salas
Corrección: Luis Porras Vila
Diseño de cubierta: Ezequiel Cafaro
Fotografía de cubierta: *Detalle de esclavos y soldados*, Columna de Trajano en el Foro de Trajano, Roma, Lacio, Italia, Civilización romana, siglo ii.
© NPL - DeA Picture Library / W. Buss / Bridgeman Images

ISBN: 979-13-87624-11-8 | Thema: DNXM, NHTS, 1QBAR, 1QBAG
Depósito legal: M-14942-2025

Impreso en España – *Printed in Spain*

Artes Gráficas Cofás, Móstoles (Madrid)

Este libro ha sido impreso en papel ecológico, cuya materia prima proviene de una gestión forestal sostenible.

Sumario

1

Guerra, rapiña, botín

En tiempos de suspicacias, un diagnóstico como «las sociedades antiguas griega y romana eran *slave societies*, sociedades esclavistas» era acogido con irónica condescendencia como una reminiscencia paleomarxista. Por ello —para rectificar las distorsiones debidas a la moda—, es reconfortante leer en una recopilación científica rigurosa e insospechable como *Der Neue Pauly* (volumen XI, Sttugart-Weimar 2001) ese mismo y bien fundado juicio, incluso reiterado más de una vez: en la entrada *Comercio de esclavos* (*Sklavenhandel*), que firma Paul Cartledge (col. 621), y en la entrada *La esclavitud en Grecia* (*Sklaverei*, III, *Griechenland*), firmada por Hans-Joachim Gehrke (col. 627). Que los adoradores de las modas se resignen.

La estructura fundamental de las sociedades antiguas, esto es, su basamento esclavista, tiene diversas implicaciones, la más relevante de las cuales es su estrecha vinculación con la guerra.

Esto vale tanto para una realidad elemental como la polis en sus principales manifestaciones (griega y romana), como para las formas más complejas de Estado que sucedieron a la polis. De esas sociedades se pueden poner de relieve también otros aspectos. Por ejemplo, se podría adoptar la impactante pero justa diagnosis tesis de Friedrich Nietzsche que consideraba la esclavitud como la premisa o una de las premisas del «milagro griego» (en el plano intelectual); o también el punto de vista propio del pensamiento «realista» según el cual toda pulsión hacia el recurso a la guerra en las sociedades antiguas se debió a la «voluntad de poder». Pero, a su vez, un diagnóstico tan eficaz como este, que por otra parte ya estaba explícito en las fuentes más consabidas (Tucídides, Polibio, Salustio), nos lleva a la pregunta básica: ¿por qué y con qué objetivos nace la «voluntad de poder» en esas sociedades? Y también por esta vía llegamos —mediante la inevitable traducción «en prosa» de «poder» por «rapiña»— al nexo guerra/esclavitud. No vamos a hablar aquí de la duración de tal nexo en épocas sucesivas, por ejemplo en relación con la historia del imperialismo europeo entre los siglos XIX y XX, quien lo desee puede documentarse en el ensayo de V. I. Lenin, *Socialismo y guerra* (1915), provisto de interesantes tablas.

Que el impulso a la «rapiña» se halle en la base de cualquier conflicto lo explica en la *Ilíada,* con gracia y de manera sencilla, el anciano Néstor, que intenta en vano hacer las paces entre dos delincuentes, Aquiles y Agamenón, que se pelean e insultan por un desacuerdo sobre el reparto del botín de guerra (las esclavas). Aquiles acaba de terminar su ataque a Agamenón («borracho, ojos de perro, corazón de venado», etcétera) cuando Néstor se alza y con el peso de su autoridad, toma la palabra y les habla de las guerras de su juventud, de los «héroes» de su tiempo (I, 259-273). Pero es inútil, no hay nada que hacer. Sin embargo, cuando más adelante (Canto IX) intenta de nuevo reconciliarlos a ambos —lo que también resultará infructuoso por la negativa de Aquiles—, quien sí le hará caso será Agamenón, que está desesperado porque el alejamiento de Aquiles del campo de batalla le está creando serios problemas. Y Agamenón le ofrece a su rival oro, doce caballos, siete bellísimas esclavas, originarias de Lesbos, capturadas en una precedente incursión, y además restituirle a Briseida, jurándole «no haberse metido en su lecho» (IX, 120-134). Este es el tipo de botín por el que se hace la guerra. Y, en estos catálogos de presas, los animales y los seres humanos se sitúan en el mismo plano: no olvidemos que, a nivel léxico, *andrápodon* (esclavo) está relacionado con *tetrápodon* (animal, dotado de cuatro patas).

2
Heráclito

El texto capital de Heráclito es el frg. 53 Diels-Kranz. El acmé de su fama, es decir, el momento de mayor esplendor de Heráclito —en torno a los cuarenta años—, según los cronógrafos consultados por Diógenes Laercio, se sitúa hacia el año 500 a. C. Otras dataciones más bajas no son demasiado atendibles. Por tanto, este hombre, natural de Éfeso y que depositó aristocráticamente la (¿única?) copia de su libro, la *summa* de su pensamiento, en el templo de Artemisa de su ciudad, era más que maduro cuando estalló la revuelta jónica contra el predominio persa sobre las ciudades griegas de Asia (499 a. C.). Y ya sabemos la cadena de conflictos que generó aquella revuelta (que Hecateo de Mileto había desaconsejado). Quizá también nos ayude a comprender la orientación del pensamiento y el estilo de Heráclito la famosa anécdota acerca de él que cuenta Laercio: que una vez, estando disgustado por la «mala» política que imperaba en la ciudad, se retiró con sus hijos al templo de Artemisa y, de manera ostensible, se puso a jugar con ellos a los astrágalos. Y a quien le pedía explicaciones le respondía que aquella era una actividad más seria.

El fragmento 53 dice:

> La guerra (*pólemos,* sustantivo masculino) es el padre de todas las cosas, es rey de todas las cosas. Es la guerra la que destina a unos a ser dioses y a otros a ser hombres; es la guerra la que ha hecho a unos esclavos y a otros libres (VS 22 B53).

Hay que advertir, en este breve texto, el uso de dos verbos diferentes: *destinar* y *hacer*. Sobre la primera palabra —la «destinación» humana o divina— se superponen diversas interpretaciones posibles. Pero es la segunda parte la que aquí nos interesa: la guerra *hace* (*produce*) esclavos y, en contraposición, garantiza y reafirma la libertad de los vencedores.

Precisamente porque el funcionamiento material de la comunidad se basa en el trabajo forzoso, el de personas reducidas a la dependencia personal (aunque las formas de dependencia sean muy variadas, la sustancia no cambia mucho), es evidente que la guerra —en cuanto rapiña— es la fuerza motriz de esas sociedades. Y el fragmento de Heráclito no solo lo dice de manera muy clara, sino que ayuda a acallar muchos sofismas «modernos» (de hecho *moderno* deriva de *moda*, en alemán *die Mode*). Así pues, ya a finales del siglo VI a. C., en una ciudad griega de Asia de la importancia de Éfeso, un pensador que reflexionaba sobre los roles sociales fundamentales distinguía la primera (dioses/hombres) y la segunda (esclavos/libres) polaridad. Es una buena lección para los que tienden a minimizar, a retrasar en el tiempo y a reducir en el espacio el fenómeno de la esclavitud. Y así como es legítimo hablar de «sociedad esclavista», también lo es situar en el centro de esa sociedad el nexo guerra/esclavos. Una vez se hablaba de «modos de producción» sin temor al escarnio esnob. Pues bien, el que está basado en el trabajo esclavista —sujeto pasivo de las sociedades de la época clásica— puede definirse al mismo tiempo como un «modo de producción bélico».

En la misma línea de la aforística «sentencia» de Heráclito, se sitúa siglos después otro testimonio, esta vez procedente de la Grecia insular, de una gran isla, Quíos, que fue súbdita de Atenas. Una isla rica en esclavos y que con sus esclavos estuvo muy a menudo en guerra. Se trata de Teopompo, originario de Quíos, un historiador combativo que vivió en la época de Filipo II de Macedonia y Alejandro Magno y que proporcionó sobre el tema una síntesis de vasto alcance. En el libro XVII de la *Historia de Filipo II de Macedonia* (*Philippiká=FgrHist* 115F122), señalaba los dos medios de abastecimiento de esclavos: la guerra y el comercio. Según el autor, los espartanos en el Peloponeso y los tesalios en el norte de Grecia habían encarnado de la manera más directa y brutal el nexo guerra/esclavos sometiendo y dominando a las poblaciones preexistentes en las áreas en las que se habían asentado. Sin embargo, de su propia isla, de Quíos, él sabía que el comercio había sido (y era) la fuente principal de aprovisionamiento: se abastecían de esclavos «entre los bárbaros». Acerca de los métodos adoptados no proporciona muchos detalles.

3
¿Cuántos había?

De cuanto se ha dicho hasta ahora sobre el nexo esclavos/guerra, es evidente que existen dos cuestiones estrechamente ligadas entre sí: cómo se obtenían los esclavos y cuántos había. Está documentado que los mercados de esclavos comenzaron su actividad en época muy temprana, entre finales del siglo VII y principios del VI. A su vez, los mercados eran la terminal de un proceso desencadenado por las guerras o por los efectos de las guerras (la piratería). El mercado siempre estaba activo, entre otras razones por el funcionamiento autónomo de un sujeto imprevisible como era la piratería; pero en las guerras se potenciaba. En el relato de Tucídides sobre la guerra del Peloponeso encontramos información específica a propósito de ello al menos en tres ocasiones. Entre los años 427 y 426, la venta como esclavas de las mujeres de Platea, en la antigua Beocia, conquistada después de un largo asedio por los espartanos (III, 68, 2-3); en el 416, la venta como esclavos de los niños y mujeres de Melos (Cícladas) por parte de los atenienses (V, 116, 4); y entre el 415 y el 414, la venta masiva como esclavos, también por parte de los atenienses, de los habitantes de Iccara, ciudad de los sicanios (Sicilia), que fue entregada a sus enemigos de Segesta (VI, 62, 3-4). En este último caso, Tucídides también nos proporciona información sobre el importe de tal venta: 120 talentos.

En los tres episodios se trata de población griega o de la Magna Grecia que a causa de acontecimientos bélicos era reducida a la esclavitud. Pero hay que tener en cuenta que las principales zonas de procedencia de los esclavos fueron Tracia, Frigia y Caria.[1] El modo en que se llevaba a cabo la captura solo podemos imaginarlo, ya que no tenemos documentación explícita: probablemente con razias paralelas a operaciones militares y la connivencia con la piratería (por ejemplo,

1 La Tracia, provincia del Imperio romano, ocupaba la extremidad sudoriental de la península balcánica. Frigia y Caria eran antiguas regiones de Asia Menor que ocupaban la mayor parte de la península de Anatolia. [N. de la T.]

fenicia). A veces la saña vengativa podía llevar a un uso antieconómico y meramente punitivo de los prisioneros. Este sería el caso, por ejemplo, de los numerosos prisioneros atenienses y aliados arrojados por los siracusanos a las *latomias*[2] durante meses y meses tras la batalla de Siracusa (413 a. C.). El número total de capturados fue de alrededor de 7000. A los atenienses se les dejó morir; los demás (que sobrevivieron a sufrimientos inauditos) se vendieron en el mercado de esclavos (¿siciliano?) (Tucídides, VII, 87, 1-4). Es un ejemplo que demuestra que ser vendido podía ser el mal menor. El padre de uno de los clientes de Demóstenes, Euxiteo, fue capturado y vendido durante la «guerra de Decelia» (413-404) (Demóstenes, LVII, *Contra Eubulides*, 18); pasado un tiempo logró liberarse, pero se encontró con la acusación de «ciudadanía usurpada». Algo nada extraño en la frenética actividad de los tribunales atenienses. Eliminar a alguien de

2 Las *latomiae*, palabra derivada del griego *lâs* (piedra) y *tomíai* (de *témnein*, tallar), eran canteras de piedra o mármol que en la antigüedad clásica se utilizaban para encarcelar a esclavos, prisioneros de guerra y delincuentes. Las más célebres fueron las de Siracusa (Sicilia). [N. de la T.]

la lista de ciudadanos muy a menudo tenía como objetivo que hubiera algunos aspirantes menos a la hora del reparto de cereales y de los beneficios alimentarios relacionados con las fiestas.

Las cifras conocidas, pues, nos hacen pensar en grandes masas. Del conjunto de esclavos que se hallaban en su poder (*plethos* es la palabra que utiliza Plutarco, nuestra fuente sobre el tema), Nicias mantenía ocupados a mil en las minas de plata de Laurion, subcontratándolos a un antiguo esclavo suyo tracio llamado Sosia (Jenofonte, *Las rentas del Estado,* 4, 14; Plutarco, *Vida de Nicias,* 4, 2-3). Las minas, como es obvio, eran propiedad de la ciudad de Atenas, pero Nicias tenía la gestión de las mismas, como Tucídides de las minas de oro de Pangeo. Si el subcontratista de confianza de Nicias era tracio, cabe pensar que aquel millar de esclavos también lo serían en su mayor parte, ya que la necesidad de entenderse unos a otros, incluso para reprimir, era fundamental. En la misma página, Jenofonte (4, 14) habla de otros contratistas de esclavos en Atenas y proporciona cifras (algunos centenares).

De todos modos, no tenemos más que algunas y esporádicas cifras globales, y estas son consideradas con sospecha o ignoradas por muchos historiadores. Pero no podemos pasar por alto este tema, aunque no lo abordemos de modo analítico. Un dato de partida cierto lo encontramos al final de un discurso de Lisias (V, 5): «Todos los atenienses poseen esclavos». Y a ello se podría alegar una confirmación que procede de la comedia, del *Pluto* de Aristófanes: el protagonista, Cremilo, aunque es muy pobre y vive amargado por los caprichos de Pluto, dios de la riqueza, tiene al menos dos esclavos.

Frente a estas pinceladas de datos marginales hay un dato global muy embarazoso, principalmente para los escépticos: se trata del fragmento 29 Jensen de Hipérides. La fecha a la que se refiere es el 338 a. C. y la situación es la que siguió a la derrota ateniense en la batalla de Queronea a manos de los macedonios. Presa del pánico, y ante la grave posibilidad de que Filipo de Macedonia invadiera el Ática después de haber derrotado al ejército panhelénico, que había sido fuertemente apoyado por Atenas y por Demóstenes, Hipérides, compañero de lucha de Demóstenes, hizo que se aprobara un decreto mediante el cual se incorporaban al ejército masas de esclavos, lo que *ipso facto* agigantó las potenciales fuerzas militares atenienses. El pasaje se halla en la enciclopedia bizantina *Suda* y, según la misma, la cifra de esclavos que se liberaron fue de 150 000. El episodio es significativo: ante una derrota militar gravísima, se recurre a los esclavos para organizar la extrema defensa. Los esclavos se adquieren mediante la guerra; pero, cuando la guerra pone en peligro la existencia misma de la ciudad, se recurre a los esclavos como *extrema ratio*, regalándoles la libertad. En realidad, aunque en menor medida, esto ya había ocurrido también en el 406 a. C., en la batalla naval de las islas Arginusas, y un eco heroicocómico del mismo se encuentra al principio de *Las ranas* de Aristófanes.

Pero el episodio también es importante a nivel analítico. La fuente —si damos crédito a las palabras de Hipérides— especifica que se trataba «de los esclavos de las minas y de los empleados en grandes haciendas agrícolas». Y tal vez no solo en las grandes.

¿Qué razones podría haber para rechazar estos datos? Por una parte, estos generalmente se ignoran y, por otra, se dispara contra la cifra «alta» que recuerda Ateneo

(*Deipnosofistas*, VI, 272 c), la del censo del 316: ¡400 000 esclavos en Ática! Una cifra que es más del doble que la precedente, a pesar de que en el año 338 Atenas ya había perdido su imperio desde hacía tiempo (355: fin de la «guerra social» y fin de la Segunda Liga).

Pensándolo bien, incluso el opúsculo de Jenofonte sobre las *Entradas del Estado* (*Poroi*), escrito poco después del 355, dejaba intuir cifras elevadas en lo referente a la masa de esclavos. Se advierte en particular en un punto que, por otra parte, constituye el corazón de su propuesta: allí donde Jenofonte prevé que se llegue en poco tiempo a una masa de *esclavos públicos* (por lo tanto, distintos de los de propiedad privada) que representen el triple de la población del Ática («tres *esclavos públicos* por cada ateniense»: 4,17). Si calculamos que en el 355 habría unos 25 000 atenienses (al parecer eran 20 000 en el año 316), tendríamos 75 000 esclavos públicos que cabe agregar a los ya existentes. Es una cuestión que sigue escapándosenos y desafiándonos, pero que arroja un poco de luz sobre una realidad concreta: el aprovisionamiento de esclavos, sobre el que se sabe muy poco.

4
La fuga de los veinte mil

Otro dato numérico cierto, procedente de la tradición histórica que ha sobrevivido, nos lleva de nuevo al nexo esclavos/guerra. Se trata de la huida de más de 20 000 esclavos del Ática a zonas controladas por los espartanos en los primeros tiempos de la llamada «guerra de Decelia» (es decir, a partir del año 413).

Mientras Atenas todavía estaba ocupada con el asedio de Siracusa (iniciado en el 415 a. C.) y en condiciones cada vez más difíciles, los espartanos —por consejo del fugitivo Alcibíades— conquistaron el *demo* ático de Decelia (hacia la frontera con Beocia), lo fortificaron y, desde allí, comenzaron a atacar sin tregua al resto del Ática, excepto a la «fortaleza» de Atenas, atrincherada dentro de sus murallas.

Esto dio un giro a la situación. De ese modo Atenas se veía privada y sin alternativas de su territorio vital. Mientras asediaba en vano a Siracusa, era asediada a su vez y de una manera mucho más eficaz. Los suministros alimentarios y de otro tipo procedentes de Eubea ya no podían llegar a Atenas por tierra, tenían que ir por mar y ser desembarcados en el cabo Sunión (en el extremo opuesto del Ática), protegido de las incursiones espartanas. La caballería ateniense, formada por 1200 caballeros y tropas de *élite*, que rara vez participaban en acciones bélicas, ahora tenía que estar continuamente alerta y en acción para hacer frente a los ocupantes espartanos e impedirles avanzar hasta las murallas de Atenas. Los caballos sufrían ya solo por el terreno accidentado del Ática, quedaban cojos o bien eran heridos por el enemigo, y cada vez era más difícil reemplazarlos. (Esto también contribuyó a que la caballería, bajo presión por una guerra que no deseaba, fuera poco después la columna vertebral del golpe de Estado oligárquico que tuvo lugar en Atenas en la primavera del 411). Los animales bovinos y ovinos fueron en gran parte exterminados por el enemigo: la mayoría de los agricultores que habitaban en los diversos *demos* se vieron obligados a refugiarse en la ciudad. Y a esta situación, ya grave de por sí, descrita detalladamente por Tucídides (VII, 27), se sumó un daño adicional, el derivado de la deserción masiva de más de 20 000 esclavos «en gran parte cualificados»; es decir, con habilidades artesanales específicas (*cheirotéchnai*), según precisa el mismo Tucídides.

Como era de esperar, también este dato ha sido atacado por los modernos, empeñados en una guerra sin cuartel contra las cifras «altas» relativas a la población esclava. Por ello, forzando sin piedad el texto (que habla de una hemorragia de mano de obra, sufrida como efecto de la ocupación espartana de Decelia), se ha pretendido hacer creer que esa cifra se refiere a toda la «guerra decélica» (413-404 a. C.) y que, por tanto, ha de diluirse en un período de diez años. Plegar una fuente — ¡y qué fuente! — a los propios prejuicios es un gesto entristecedor.

El fenómeno en realidad es muy significativo. Por un lado, es evidente que esa cifra remite a su vez a una cifra total mucho mayor, ya que seguramente no faltaron medidas represivas destinadas a detener tal hemorragia de mano de obra; pero también es significativo en otros aspectos. ¿De dónde huyeron? Es de suponer que de las minas (eran *cheirotéchnai*) y de las mayores propiedades agrícolas (también en la agricultura existen «especializaciones»). La causa de la fuga se puede intuir: los suministros escaseaban por las razones antes mencionadas y, ante el inevitable «racionamiento», a quien más se sacrifica es al esclavo. También es posible conjeturar que los propietarios que se tuvieron que refugiar en la ciudad no se llevarían consigo a cientos de bocas (¡inoperantes!) que alimentar: probablemente las dejaron abandonadas *in loco* (como ya había sucedido en el 480 a. C., cuando muchos «pobres» se quedaron en la ciudad durante la ocupación persa del Ática, o como también había ocurrido más de un siglo antes en la Judea ocupada por los asirio-babilonios). Para esos esclavos, la «fuga» era la solución más obvia. El uso que hayan hecho de ellos después los ocupantes espartanos es difícil de imaginar.

El régimen político vigente entre sus amos no tenía mayor importancia para los esclavos. Es frecuente que algunos eruditos modernos sostengan que en Atenas el trato a los esclavos era «más humano»; pero esto no es más que un sueño estereotipado de los modernos. Remitimos a estos al monólogo de Estrepsiades en el prólogo de *Las nubes* de Aristófanes (423 a. C.): «¡Maldita guerra esta, que ni siquiera puedo castigar (el verbo *kolasai* se refiere a castigo corporal) a los esclavos!» (v. 5). Los esclavos de Estrepsiades, un hombre rico, cuyo hijo forma parte del círculo de Sócrates, «duermen» (o más bien «roncan») mientras su patrón se enoja. El público se ríe, entre otras cosas, porque en el 423 no hay guerra, está en curso la tregua anual (423/22). El motivo de la queja de Estrepsiades no es una nueva ley, sino probablemente una praxis difundida por necesidad: exasperar a los esclavos con tratos duramente punitivos podía ser peligroso. En un momento tan delicado, su reacción podría consistir tanto en la violencia como en la fuga, que se había vuelto más fácil para ellos. Como efecto de la guerra, ahora tenían un «lugar» (el del enemigo) hacia el que poder escapar. Y es tan poco creíble que hubiera una particular *humanitas* en el comportamiento de la ciudad democrática, que un oligarca radical, el autor del opúsculo *Sobre el Estado ateniense* (*Athenaion Politeia*), atribuido a Jenofonte, crea a propósito de ello una teoría general. En ese escrito se refleja claramente la situación de Atenas en guerra y termina con la paradoja: «¡Donde gobierna el pueblo, se es esclavo de los esclavos!» (I, 10).

Este opúsculo *Sobre el Estado ateniense,* texto problemático como pocos, antes de aparecer en forma de razonamiento seguido, tal como lo encontramos en los manuscritos que lo transmiten, tenía forma dialógica. Por ello, llegado a un cierto punto, el diálogo hace su aparición de manera incontrovertible: «Donde los esclavos son ricos, allí de nada sirve que mi esclavo tenga miedo de ti; pero en Esparta mi esclavo ha tenido miedo de ti». «Pues si tu esclavo tiene miedo de mí, probablemente llegará también a entregar el dinero que ha acumulado con el fin de evitar riesgos personales más serios» (I, 11). Este diálogo (que indudablemente lo es) deja amplio espacio para formular hipótesis.

Los dialogantes podrían ser dos atenienses; pero en tal caso parece extraño que —habiendo ido ambos a Esparta— hubieran producido una especie de efecto «cruzado» (el esclavo de cada uno ha tenido miedo del patrón del otro, y quién sabe por qué no del propio patrón). Otra posibilidad es que el «tú» sea un espartano. En ese caso parece más comprensible el episodio que se evoca: el ateniense habría ido (en un tiempo precedente) a Esparta con su esclavo y, en el contexto de la realidad espartana, el esclavo estaría seriamente atemorizado (por eso uno le dice al otro «ha tenido miedo de ti»). Así pues, la hipótesis de que ese «tú» sea un espartano parece preferible. Y también sería completamente legítimo, de hecho, pensar que los interlocutores del diálogo fueran más de dos (como a veces sucede en los diálogos de Platón) y que la intervención del espartano se introdujera en un diálogo ya iniciado, siendo llamado a participar precisamente por la casi «nostálgica» frase del interlocutor ateniense principal («¡*En Esparta*, mi esclavo ha tenido miedo *de ti*!»). Si esta reconstrucción del diálogo es la correcta, contra los esclavos, como se puede observar, se manifiesta una perfecta armonía entre los exponentes, políticamente afines, de las dos ciudades rivales.

En cualquier caso, incluso en un «manifiesto democrático» acerca de la antítesis Esparta-Atenas, como es el epitafio pronunciado por Pericles (Tucídes, II, 39), que pone el énfasis en la actitud muy diferente de las dos ciudades por lo que se refiere a los extranjeros, se guarda silencio absoluto sobre la cuestión de la «gestión y tratamiento de los esclavos».

5
Fugas y medidas preventivas internacionales

Los esclavos no tienen armas y rara vez forman una coalición para rebelarse, más bien buscan la salvación individual. En tiempos de paz tal vez se sientan atraídos por la perspectiva —no obvia— de poder pagar su liberación; pero en tiempos de guerra, cuando las condiciones materiales empeoran sensiblemente (y este sería el caso del Ática entre el 413 y el 412), intentan huir, porque tienen mayores posibilidades de sobrevivir. De todos modos, es probable que con la hemorragia de hasta veinte mil trabajadores entre el 413 y el 412, en un arco de tiempo relativamente corto, se haya verificado algo más grave que un más o menos «fisiológico» goteo de bajas.

Pocos meses más tarde, el fenómeno se produjo a lo grande y en dirección opuesta en la gran isla de Quíos, aliada de Atenas.

Dicha isla, en medio del caos, entre el 412 y el 411, se unió a Esparta e intentó restaurar un régimen oligárquico (Tucídides, VIII, 5-6).

Quíos —como observa Tucídides— era el lugar de mayor concentración de esclavos (solo superado por el Peloponeso). Y añade el historiador que aquellos esclavos, «al ser una masa muy numerosa, eran tratados con particular dureza» (VIII, 40, 2). Sucedió, pues, que, una vez que los atenienses consiguieron crear en la isla una sólida cabeza de puente fortificada para contrarrestar la traición pro-espartana que habían llevado a cabo los oligarcas de Quíos, los esclavos desertaron en masa y se fueron al campamento fortificado ateniense (VIII, 40, 2). No solo desertaron, sino que contribuyeron eficazmente al contraataque ateniense, porque conocían perfectamente el territorio (*ibid.*). Por otra parte, los atenienses, aprovechando la situación, tan pronto como supieron de la deserción, teniendo a su alcance siete barcos de Quíos, arrestaron a la tripulación y liberaron inmediatamente a los esclavos que se encontraban a bordo (VIII, 15, 2).

Era, por tanto, un fenómeno generalizado. Ciertamente, para los ilotas, los esclavos sometidos al dominio espartano, todo era más difícil. Pero, aun así, los que se vieron acorralados en Esfacteria (el 425 a. C.) cuando los atenienses sitiaron victoriosamente a la guarnición espartana, que como de costumbre llevaba en su séquito a muchos ilotas, desertaron rápidamente (Tucídides, IV, 41). Y lo mismo ocurrió tan pronto como el estratega Demóstenes, de camino a Sicilia (413 a. C.), se detuvo en el sur del Peloponeso e instaló allí un emplazamiento fortificado ateniense (VII, 26, 1). Por otra parte, casi contemporáneamente, Nicias, en serias dificultades en el asedio de Siracusa, señala, entre otras cosas, las frecuentes fugas de esclavos del campamento ateniense como motivo de alarma (VII, 13, 2). Y ya antes, en el clima de creciente tensión que precedió al estallido del conflicto, en el año 431, la huida de esclavos del Ática hacia Megara había exacerbado ulteriormente las ya tensas relaciones con esta ciudad, que era avanzadilla corintia poco distante de Eleusis (Tucídides, I, 139, 2). Y algunas décadas atrás, los ilotas, que se habían rendido tras el largo asedio espartano a su fortaleza de Itome, fueron instalados por los atenienses en Naupacto (Tucídides, I, 103, 3). De todos modos es un hecho constatable que en el 413 el golpe a la economía del Ática causado por la fuga de los esclavos fue muy grave. Jenofonte todavía recuerda eso décadas más tarde en las *Entradas del Estado* (*Poroi* 4, 25).

Desde el punto de vista del esclavo, importaba poco la diferencia entre los diversos tipos de dependencia (tan bien ilustrados por Ateneo, *Deipnosofisti*, VI, 263-275) o la de los distintos regímenes políticos vigentes entre los «libres». Por ello, en el tratado de tregua anual pactado entre espartanos y atenienses (423/422), que Tucídides transcribe íntegramente, se incluye también en el decreto de aprobación de la asamblea popular ateniense (IV, 118-119) una cláusula que se refiere al compromiso mutuo de las partes contrayentes de «no acoger a esclavos fugitivos» procedentes del campo adversario (118, 7). Y en el tratado de alianza espartano-ateniense del 421 (una paz que se preveía que durase cincuenta años, pero que «en cambio» duró solo algunos años) una cláusula —ciertamente recíproca, si bien el texto se haya deteriorado ligeramente— prevé el apoyo solidario «en caso de rebelión de esclavos» (Tucídides, V, 23, 3). Ocho decenios más tarde, en un mundo griego totalmente transformado, una cláusula del «tratado de

Corinto» (338 a. C.), impuesto por Filipo de Macedonia a las ciudades griegas contrayentes, vinculaba a todos a no practicar «liberaciones de esclavos con fines sediciosos» (la cláusula se cita en el discurso XVII del corpus demosteniano, § 15).

6

Ruina de la economía y crisis del poder pericleo

Las repercusiones sobre la economía ática durante la intermitente, pero interminable guerra del Peloponeso, no se limitaron a crear inestabilidad en la esfera de los esclavos. Afectó en diferentes grados a todas las clases sociales. Fue el resultado de las tácticas de guerra que habían sido concebidas y aplicadas por Pericles y que continuaron aplicándose años después de su muerte (429 a. C.). Consistían en dejar que los espartanos devastaran el Ática durante sus incursiones en verano, atrincherándose esos meses en la ciudad, para atacarlos luego en su propio territorio. Pero esa táctica comportaba un duro golpe para la agricultura que, como decíamos, se convirtió en una verdadera catástrofe durante la guerra de Decelia. El único grupo social que no sufría un daño directo era el de los desposeídos, los *tetes*,[3] el mundo «proletario» que gravitaba en torno a la flota («los que hacen mover los barcos», como decía, detestándolos, el autor del libelo *Sobre el Estado ateniense*). Estos formaban una minoría numérica bien politizada, que constituía la base de apoyo del sistema político asambleario democrático. De hecho, acudían a la Asamblea bastante asiduamente y participaban en ella, manteniendo una dialéctica más o menos vivaz con los líderes, generalmente procedentes de las clases altas.

En cambio, los pequeños y medianos propietarios se veían gravemente penalizados. Diceópolis, el protagonista de *Los acarnienses* de Aristófanes (425 a. C.), representa a la perfección a este grupo social —que normalmente vivía en los *demos*, no en la ciudad— y sus graves dificultades y problemas. Para comprender mejor las penurias de los propietarios en el Ática, resultan esclarecedores dos textos convergentes: Tucídides (II, 65, 1-4), acerca de las primeras fuertes reacciones en el primer año de

3 Los *tetes* eran proletarios que pertenecían a la cuarta y última clase de ciudadanos. Eran hombres libres que en general trabajaban para procurarse los medios de subsistencia. [N. de la T.]

guerra, y el pseudo-Jenofonte (tal vez Critias) autor del opúsculo *Sobre el Estado ateniense* (II, 14), también sobre el mismo tema. Partamos de Tucídides:

> Al hablar así, Pericles intentaba aplacar del ánimo de los atenienses la ira que habían concebido contra él y desviar sus pensamientos de los problemas del presente. La reacción de los atenienses fue la siguiente: a nivel público y político se dejaron convencer por sus palabras y, en consecuencia, abandonaron la intención de entablar negociaciones con los espartanos. Es más, se entregaron a la guerra con mayor ahínco. Sin embargo, a nivel privado, se dolían por aquellos daños: *el demo* porque veía dañado incluso lo poco que poseía; *los señores* (*dynatoí*) porque en el campo tenían hermosas propiedades con residencias bien abastecidas, ahora expuestas a las incursiones espartanas, y en lugar de la paz encontraban la guerra. De todos modos, ni unos ni otros aplacaron su irritación hasta que no penalizaron a Pericles con una multa severa. Pero luego lo reeligieron como estratega, como suelen hacer las masas populares.

Aquí tenemos una imagen ligeramente diferente a la esbozada por el autor del *Athenaion Politeia* (II, 14), en general polémico y a veces poco «objetivo», que sostenía, en cambio, que «el demo» no tenía nada que perder con la guerra; mientras que los que sufrían daños por la táctica de Pericles de dejar que el Ática fuera devastada, refugiándose (periódicamente) dentro de los muros de la ciudad fortificada, eran «los campesinos y los ricos», los cuales, por ese motivo, «*buscan el contacto* con el enemigo».

El recurso al término *demo* en este pasaje corresponde a un preciso uso político del mismo. De hecho, el autor distingue tres grupos sociales: el *demo,* los campesinos y los ricos. Y es consciente de la convergencia de intereses entre los «campesinos» (*georgoûntes)* y los «ricos» (*plousioi*) ante los efectos de la guerra sobre la economía: ambos tienen propiedades —aunque, claro está, de distintas dimensiones— que la guerra pone en peligro; y por eso «intentan llegar a un acuerdo con el enemigo» (del tentativo también habla Tucídides, tal como hemos visto). El *demo,* que en este caso específico se corresponde con los no propietarios, no tiene ese problema y por ello está a favor de la política y la estrategia marcadas por Pericles.

En cambio, Tucídides en la página citada (II, 65, 1-4) usa *demo* en una acepción más vasta (de hecho, poco después, dice *hómilos*, «la masa popular» en sentido amplio) para indicar en general a los no propietarios y a los pequeños propietarios campesinos, que también son «pueblo». Y mantiene a estos últimos bien diferenciados de los *dynatoí*, «los señores», los cuales tienen *kalà klémata*, «hermosas propiedades» (nótese el adjetivo).

De esta manera, Tucídides nos está proporcionando indirectamente una información: que las asambleas que manifestaron la oposición más dura contra Pericles, hasta el punto de «multarlo», evidentemente contaron también con la participación activa de aquellos pequeños propietarios (*georgountes*) que habitualmente no iban a la asamblea y que, en cambio, precisamente debido a la estrategia periclea que los forzaba a guarecerse en la ciudad, se vieron «obligados» a acudir a la asamblea. Y una vez allí, se dieron a valer. Como en el caso de Diceópolis, el protagonista de *Los acarnienses.*

Diceópolis —que procede del *demo* de Acarnas— se ve obligado a acudir a la asamblea, mientras sueña con su pequeño sembrado lejano y expuesto a las razias espartanas. Como tiene costumbres campesinas, se dirige muy temprano a la asamblea en la colina del Pnyx, pero no encuentra a nadie todavía allí, ya que los que habitualmente acuden a la asamblea (los que carecen de propiedades, que solo trabajan de manera intermitente y cuyo trabajo «estacional» está ligado a las exigencias de la guerra) tienen otros hábitos. Y Diceópolis los describe: «La asamblea fue convocada para al amanecer, pero el Pnyx está desierto. Y esos están charlando (*laloûsi*) en la plaza (*Agorà*) yendo arriba y abajo y manteniéndose alejados de la cuerda roja».[4]

A este reproche le sigue la invectiva (solo hipotética) que Diceópolis afirma que será capaz de dirigir contra aquellos políticos que, cuando finalmente acudan a la asamblea, sostengan la necesidad de continuar la guerra. Una guerra que era, sin duda, de un

4 En los días en los que se convocaba la Ecclesia o Asamblea general, se extendía una larga cuerda con pintura roja en el Agorà, el mercado central de Atenas. La cuerda tenía como finalidad manchar de rojo la ropa de los que llegaban con retraso a la Asamblea, lo cual comportaba que fueran penalizados con una multa. [N. de la T.]

tipo absolutamente nuevo y desconcertante: ¡que podía durar años!

Una guerra así de larga era el resultado de dos factores estrechamente vinculados entre sí. Por un lado, constituía la partida concluyente (y mortal para una de las potencias) de la lucha por la hegemonía —una especie de «guerra mundial»—; y, por otro, precisamente por ese carácter de «último acto», había sido concebida por Pericles como una gigantesca operación de desgaste del adversario.

Después de la expedición contra Troya dirigida por Agamenón, no se había vuelto a ver una guerra tan larga que pudiera proseguir (como de hecho ocurrió) incluso tras una tregua que duró casi un año. Por tanto, el pacifismo agresivo de algunos grupos sociales y de sus portavoces sobre la escena —una increíble forma de «quinta columna»— se puede explicar precisamente por el carácter inaudito del conflicto. Ni antes había habido ni después hubo guerras parecidas. Aquella marcó un cambio extraordinario no solo en Grecia, sino en toda el área del Mediterráneo.

7
Guerra civil

Si bien los «libres» eran aliados en la lucha contra las inquietudes de las masas de esclavos, se enfrentaban duramente entre sí a nivel de organización política; es decir, en la gestión —más o menos amplia— del derecho de ciudadanía y en lo relativo al hecho de permitir o impedir el predominio de las personas sin propiedad en los organismos decisorios y, más en general, en las relaciones sociales. Aristóteles (*Política* 1290a 30-40) describe ese enfrentamiento como un conflicto permanente entre «ricos» y «pobres», cuyo predominio genera la «oligarquía» y la «democracia», respectivamente. (Cremilo con sus dos esclavos, protagonista del *Pluto* de Aristófanes, nos ayuda a calibrar en qué sentido hay que entender en una sociedad esclavista la noción de «pobreza»). El conflicto es insanable y su solución depende de las relaciones de fuerza. En cualquier momento puede degenerar en guerra civil; sobre todo por efecto del estallido de una guerra exterior.

En el siglo v, en concomitancia con la consolidación o el agravamiento de la situación del imperio ateniense (478-404 a. C.), los dos tipos de conflictos tenderán a entrelazarse: las partes enfrentadas en el interior de cada ciudad miran al exterior, a la potencia que consideran «líder» del tipo de sistema político que intentan hacer prevalecer en su propia casa. Este tipo de automatismo funcionaba de manera más o menos asimétrica. Esparta durante la guerra no perdió tiempo en ayudar a las facciones oligárquicas; pero, cuando concluyó victoriosamente la larga guerra por la hegemonía (404 a. C.) y destruyó el imperio ateniense, impuso durante al menos una década regímenes «amigos» y de confianza en todas las comunidades que antes eran aliadas o súbditas de Atenas, e incluso en la misma Atenas (en este caso, por un tiempo muy breve).

Como gran potencia, Esparta actuaba con pragmatismo cuando le convenía. Por ello, al cabo de un año, aceptó la restauración democrática en Atenas (septiembre del 403). Quienes, en cambio, mantuvieron una visión esquemáticamente ideológica (aunque, en el fondo, más verídica) de aquel automatismo entre guerra interna y guerra externa fueron las élites oligárquicas, en particular la ateniense, que es la que conocemos mejor. Una vez más es el libelo *Sobre el Estado ateniense* el que conceptualiza el fenómeno con lucidez: tanto cuando sostiene que, en las raras ocasiones en las que Atenas socorrió (en conflictos civiles ajenos) a «los mejores» —es decir, a la parte antipopular—, solo obtuvo derrotas (III, 10-11) como cuando plantea sin vacilar que la única manera de liberarse en Atenas del «maldito demo», es decir, de la «chusma», es «abrirle las puertas al enemigo» (II, 15). Si el autor de este duro opúsculo, como es muy probable, fue el socrático Critias, que en el 411 colaboraba con quienes preparaban el desembarco por sorpresa de los espartanos en el Pireo (Demóstenes, LVIII, 67) y en el 404 instauró en la derrotada Atenas el gobierno impuesto por el vencedor Lisandro, nos encontramos ante una perfecta correspondencia entre hechos y palabras, entre presupuestos ideológicos (la incompetencia del *demo*, considerado un enemigo interno) y la acción política. Y es su sobrino Platón, eminente entre los socráticos, quien en la *Politeia* (*República*) ve dentro de cada ciudad dos ciudades que luchan entre sí. Pero no solo en el círculo socrático maduraban estos criterios. Un oligarca de formación y procedencia completamente diversas, como Tucídides, llega —a través de la experiencia de la larga guerra, cuya unidad fue teorizada por él— a describir una verdadera y propia sintomatología de la guerra civil *como patología inherente a la guerra con el exterior* (III, 80-82).

Atenas intentó por segunda vez emprender la senda «imperial» (378-355 a. C.), pero el resultado fue una guerra calamitosa con los propios aliados. Al final de la cual —mientras un superviviente como el viejo Jenofonte apunta a la salvación mediante una explotación más racional de los esclavos en *Las Entradas del Estado* (*Poroi*, capítulo 4)— se perfila en el horizonte una nueva gran potencia: el reino de Macedonia. Y las oligarquías se medirán con ella como en otros tiempos lo hicieron con Esparta. Al final del último estertor antimacedonio (la guerra «lamiaca»: 322 a. C.), Foción, un austero conservador, será quien tome el liderazgo político de Atenas y, bajo la tutela macedonia, reducirá drásticamente el número de «ciudadanos de pleno derecho» a no más de 9000 (Critias hubiera querido solo 3000, y Antífonte y sus compañeros, 5000).

8
El gigantismo de la economía esclavista romana

El gigantismo es la dimensión del dinamismo hegemónico romano y de sus efectos. La lucha contra Cartago por la hegemonía en el Mediterráneo occidental (264-202 a. C.) proporcionó a la República: Sicilia (primera «provincia»), Cerdeña y la costa mediterránea de España. El ataque a Oriente, a los mayores reinos helenísticos (Macedonia y Siria), ocupó las primeras décadas del siglo II a. C. Son etapas relevantes de un proceso expansionista casi ininterrumpido que pareció concluirse con la conquista de la presa más codiciada: Egipto (30 a. C.). Una «marcha» constelada de episodios colaterales como, por ejemplo, la sumisión del reino de Epiro (167 a. C.), antiguo aliado, dos años después de la derrota que había convertido a Macedonia en tributaria de Roma (Pydna: 169 a. C.).

El estado de Epiro fue aplastado y saqueado brutalmente: oro, plata y al menos 150 000 deportados como esclavos a Italia. La terrible «redada», con sus relativas cifras, es referida por Livio (XLV, 34, 1-6: *Centum quinquaginta milia capitum humanorum*), por Estrabón (VII, 7, 3) —el cual depende de Polibio— y también por Plutarco en la *Vida de Emilio Paolo* (cap. 29).

Este «asalto al mundo» alimentaba el abastecimiento de «mercancía viviente» (*lebendiges Eigentum,* según la eficaz definición acuñada por Theodor Mommsen, al final de las páginas sobre la revuelta de Espartaco, en la *Römische Geschichte*). Pero la concentración de grandes masas de esclavos en los ergástulos resultaba peligrosa, porque también alimentaba la rebelión. Y, de hecho, llevó a las repetidas «guerras contra los esclavos o guerras serviles», de las que Sicilia fue escenario durante los últimos treinta años del siglo II a. C., en concomitancia con los episodios de violencia ejercida contra Cartago, Numancia y Corinto.

Este tipo de guerra contra la mano de obra conquistada precisamente mediante la guerra fue un fenómeno de tal magnitud que indujo a un antiguo esclavo de origen judío, Agatarco, más tarde llamado Cecilio porque había sido liberado por un *Caecilius*, a componer en época de Augusto una *Historia de las guerras contra los esclavos*. Las escasas noticias sobre él lo ligan a la antigua ciudad siciliana de Calatte (costa norte de la isla, no lejos de Mesina); y ese origen también nos ayuda a comprender por qué este hombre —cuya ocupación principal era la enseñanza del arte de la oratoria— se dedicó a hacer una reconstrucción histórica de las guerras contra los esclavos. Ya antes otro siciliano, Diodoro de Agiri, que vivió en la época de César, había dedicado una parte importante de su imponente *Biblioteca histórica* (los libros XXXII-XXXIV) a las guerras contra los esclavos rebeldes concentrados en los latifundios sicilianos, cuyos patrones a veces residían lejos. Contra los ejércitos de esclavos —que habían logrado crear alguna forma de organización estatal—, la República Romana envió legión tras legión y comandantes que a menudo fueron derrotados. Un miembro de la familia Annei, Anneo Floro —que incluso gozó de cierta familiaridad con el emperador Adriano (117-138 d. C.)— en su *Epítome de historia romana* dedicó dos capítulos a las guerras contra los esclavos (II, 7 y II, 8). El segundo, monográfico, que trata de la rebelión liderada por Espartaco (73-71 a. C.), se abre con una premisa en la que Floro se pregunta qué tipo de guerra fue aquella que libró durante tres años la República contra los hombres armados de Espartaco y que logró concluir fatigosamente el «hombre más rico de Roma», Marco Licinio Craso, dotado para la ocasión de poderes extraordinarios. Floro habla de esa guerra contra los esclavos como de un episodio «vergonzoso» (*dedecus*); pero no por sensibilidad hacia su condición (lo que, en cambio, sí se ve en Diodoro), sino porque era degradante para el poder político romano, al ser los esclavos, en su opinión, «seres humanos de segunda clase» (*secundum hominum genus*). A fin de cuentas, su número era tal que permitía masacrar a miles para así aterrorizarlos y someterlos. El egipcio Ateneo de Naucratis (a finales del siglo II d. C.), basándose en la obra de Cecilio de Calatte, sostiene que «las revueltas fueron numerosas y se puede calcular que en ellas murieron más de un millón de esclavos» (*Deipnosofistas*, VI, 272 f).

9
La conquista de la Dacia

Una vez más las cifras «elevadas» les resultan molestas a algunos. Del mismo modo que, tal como hemos visto, las cifras sobre la población esclava en el Ática proporcionadas por Hipérides y el propio Ateneo se ponían en duda, también será así para las que Juan Lido, un erudito funcionario de la época de Justiniano (siglo VI d. C.), halló en una importante fuente contemporánea a los hechos a propósito de la conquista de la Dacia (la actual Rumania) por parte de Trajano (101-107 d. C.): 500 000 prisioneros deportados a Roma (*De Magistratibus Reipublicae Romanae,* II, 28). La fuente es el médico personal de Trajano, Critón, que participó en la expedición y escribió sobre ella.

No hace falta decir que a los autores antiguos no se les puede someter a un «detector de mentiras» para determinar si mienten o si cometen errores. Sin embargo, cabe legítimamente preguntarse si es un procedimiento serio poner en duda sistemáticamente *todas* las cifras que los diversos autores proporcionan, en diferentes épocas y sobre acontecimientos diversos y, por supuesto, no «en connivencia» entre sí: Hipérides (citado por la enciclopedia *Suda*), Ctesicles (citado por Ateneo), Aristóteles (citado también por Ateneo), Cecilio de Calatte, Juan Lido... Y habría que añadir a la lista de datos «sospechosos» el conocido pasaje del geógrafo e historiador Estrabón sobre las «decenas de miles» de esclavos comprados y vendidos incluso «en un solo día» en el mercado de mercancía humana de Delos (XIV, 5, 2). En el texto de Estrabón, la palabra *myriás*, que significa «diez mil», está en plural, por lo tanto ha de entenderse como «algunas decenas de miles». Por lo demás, se desprende claramente del contexto que Delos se consideraba la terminal de las largas hileras de esclavos procedentes de Cilicia. Lo que también nos lleva a pensar en el papel de la piratería (entonces y siglos después) en este comercio. Cilicia era un «santuario» de la piratería. En el 66 a. C. la República romana le confirió a Pompeyo amplios poderes con el objetivo de acabar con la piratería:

les resultaba más conveniente abastecerse de esclavos mediante la guerra que aceptar los precios establecidos progresivamente en el circuito piratas-Delos.

El argumento *erga omnes* que se utiliza para poner en duda estas cifras es que las fuentes, o las fuentes de las fuentes, han cambiado el signo que indica «mil» por el que indica «diez mil». Las hipótesis abstractas, precisamente porque son abstractas, no son refutables (ni tampoco aceptables). Solo se puede decir que plantear la hipótesis del mismo *lapsus* de tantos «pecadores», poniéndose en contra de lo que leemos en las fuentes, parece bastante poco metódico.

Es más importante seguir otro camino: preguntarnos por qué Trajano decidió emprender una guerra tan ardua y prolongada contra una población combativa y bien armada como la de la Dacia. Responder que fue por espíritu de conquista sería tautológico. El hecho se entiende mejor si consideramos que después de más de un siglo desde la conquista del riquísimo Egipto (30 a. C.) y después de los reiterados e infructuosos intentos de extender el control romano al área germánica, el estancamiento (que es la otra cara de la Pax Augusta) y los fracasos podían marcar el comienzo de la decadencia. Trajano, pues, se empeñó a fondo en revitalizar las dos fuentes del sistema económico: el oro y los esclavos. Reactivó la economía y repobló los ergástulos. Y ese empeño, para el que no escatimó fuerzas ni medios en una campaña tan lejana geográficamente, solo adquiere sentido si se tiene en cuenta el resultado. Aquella masa de materiales preciosos (oro y plata), junto con los esclavos, revitalizaron durante otro siglo la estructura económico-social del imperio.

Era bien sabido que las minas de oro de la Dacia (especialmente las que se hallan en la actual Transilvania) eran particularmente ricas. Y Trajano buscó ese oro con tesón. El historiador y político de la época severiana (principios del siglo III d. C.) Dion Casio, en su imponente *Historia romana*, describió así aquella memorable caza al tesoro que pertenecía al rey de la Dacia, Decébalo (LXVIII, 14):

> Los tesoros de Decébalo fueron hallados, bien escondidos, bajo el río que bordeaba la residencia del soberano. Decébalo, en realidad sirviéndose del trabajo de esclavos-prisioneros, había hecho desviar el curso del río; luego

> hizo que se excavara en el fondo; y después de haber escondido allí una gran cantidad de plata, oro y todo cuanto había de precioso y que podía tolerar cierto grado de humedad, puso encima piedras y amasó el terreno, tras lo cual hizo restablecer el curso del río en su lecho. También escondió vestiduras preciosas en algunas cuevas. Después mandó degollar a los esclavos prisioneros para que no pudieran revelar nada. Sin embargo, uno de sus amigos íntimos, Bikilis, que sabía lo que había ocurrido, fue capturado (por los romanos) y reveló el secreto.

Juan Lido habla de millones de libras de oro y plata como botín llevado por Trajano a Roma. Camille de La Berge en el siglo XIX (*Essai sur le règne de Trajan*, París, 1877, p. 142) y Jérôme Carcopino en el siglo XX (*Points de vue sur l'impérialisme romain*, París, 1934, pp. 81-84) ponían en duda también estas cifras. De La Berge las calificaba de «fantásticas». Mientras que Carcopino, por su parte, decidió reducir la cantidad de oro a 50 000 libras (165 000 kilogramos del precioso metal). Tal vez podríamos preguntarnos si desviar y luego restablecer el cauce de un río no sería una medida un tanto desproporcionada ante una reducción tan drástica de la masa de metal que había que ocultar. El más reciente y docto editor de Juan Lido, Jacques Schamp, formula reservas respecto a esa poda de las cifras tradicionales y, sobre todo, destaca la vitalidad más que milenaria de las minas de Transilvania. Una vitalidad que sugiere una particular riqueza y abundancia de la misma a principios del siglo II d. C.

10
Las revueltas: la antigua Komintern

Un caso emblemático de guerra simultáneamente interna y externa, civil y esclavista, fue la insurrección de Aristónico (132-130 a. C.), que siguió a la cesión —por parte del último soberano, Atalo III— del reino de Pérgamo «al Senado y al pueblo romano» (133 a. C.).

Así como Euno, en la primera guerra de los esclavos rebeldes de Sicilia (136-132 a. C.), se hacía pasar por soberano seléucida[5] (lo que impresionaba a sus seguidores esclavos, en su mayoría sirios), también Aristónico pretendió hacerse pasar por un vástago de los Atálidas[6] y, por consiguiente,

5 El imperio seléucida fue un imperio helenístico, sucesor del de Alejandro Magno, en Oriente Próximo. [N. de la T.]

6 La dinastía atálida fue un linaje griego que gobernó en la ciudad de Pérgamo tras la muerte de Lisímaco de Tracia, general de Alejandro Magno. [N. de la T.]

legitimado para liderar una guerra contra el ejército romano por la independencia del reino de Pérgamo. Pero no solo fue una lucha por la soberanía de aquel pequeño Estado, sino también un intento, y nada breve, de dar vida a un orden social diferente.

Los esclavos se unieron a la causa defendida por Aristónico en nombre de un «credo» ético-religioso. Como adoradores de la divinidad solar, aquellos combatientes se definían a sí mismos «heliopolitas».

En los años siguientes, la crisis adquirió vastas proporciones. En el año 105 terminó la larga y humillante guerra contra Yugurta. Poco después, en la batalla de Arausio, Mario tuvo que frenar una peligrosa invasión germánica. Al año siguiente (104 a. C.) comenzó la segunda y aún mejor organizada revuelta de los esclavos de Sicilia, que duró algunos años (probablemente hasta el año 100). Y además, en el intervalo, estalló la revuelta en una zona que supuestamente estaba «pacificada», especialmente después de la destrucción de Corinto, que había sido un «castigo» ejemplar infligido a la rebeldía griega. Demos de nuevo la palabra a Ateneo (y a sus fuentes):

> Estas decenas y decenas de miles (*pollaì myriádes*) de esclavos del Ática trabajaban encadenados en las minas. *El filósofo Posidonio,* a quien tú citas continuamente, afirma que se rebelaron, masacraron a los vigilantes de las minas, ocuparon la acrópolis de Sunión y por largo tiempo saquearon el Ática. Era la época en que también en Sicilia se rebelaron los esclavos, se trataba de la segunda rebelión [104-100 a. C.] (272 f).

Se trata de un testimonio precioso, entre otras cosas, porque tiene el aspecto evidente de una «ficha» extraída directamente de la obra de Posidonio e insertada (ni siquiera demasiado armoniosamente) en un contexto relativo al mundo romano. Y, en efecto, Posidonio de Apamea —como se desprende de los libros XXXII/IV de Diodoro— había dedicado un amplio espacio en su obra historiográfica a las guerras de rebelión de los esclavos y al problema de la esclavitud como tal. Él era adulto cuando sucedieron los hechos y su testimonio es muy fidedigno. Evidentemente los sincronismos pueden ser fruto del azar, y es fruto de la fantasía de los modernos que hubiera entrado en acción una especie de «Internacional» de los esclavos en rebeldía (así lo imaginó en los años tumultuosos de la República de Weimar un estudioso alemán de historia antigua, Ulrich Kahrstedt, políticamente muy implicado en la formación de derechas). Lo cierto es que el ciclo guerra-esclavos-guerra (contra los esclavos), entrelazándose con las durísimas luchas internas en el mundo de los «libres» (desde los motines de Saturnino y Glaucia hasta la guerra civil entre Sila y Mario), mostraba no solo la precariedad de ese mecanismo, sino también la casi inevitabilidad de un continuo agravamiento del mismo, que culminó con la guerra contra Espartaco (73-71 a. C.), cuyo alcance fue grande y afectó a buena parte de la península, y cuyo eco fue tal que, llegados a cierto punto, Mitrídates, rey del Ponto y protagonista indomable de una larguísima guerra contra Roma (que no terminó hasta el 63 a. C.), pensó en dirigirse a Italia y unirse a Espartaco. Mitrídates en ese momento se hallaba en dificultades, pero en los años precedentes había conseguido que la provincia de Asia, creada tras la derrota de Aristónico, y parte de la península griega se alzaran contra

Roma, logrando colocar en el gobierno a uno de sus (cuasi) admiradores, como era el «tirano» Atenión.

Por lo tanto, no le faltaban motivos a un historiador como Salustio (86-34 a. C.), que también fue político durante largo tiempo, para insertar a un cierto punto en su obra principal (las *Historiae*, que abarcaban los años 78-67 a. C.) una carta extensa, y en muchos sentidos memorable, de Mitrídates dirigida al soberano de los partos, Arsaces XII, que contenía, además de una solicitud de ayuda militar, sobre todo un juicio muy acertado a propósito del mecanismo, e incluso se podría decir del «motor», que presidía el funcionamiento del imperialismo romano.

El concepto central de la carta, que difícilmente podría atribuirse a ningún documento encontrado en el archivo de Mitrídates, ya que este había sido confiscado por Pompeyo en el 63 a. C., es que quien se considere a salvo de la pulsión agresiva de los romanos debe saber que tarde o temprano le tocará también a él, cuando llegue su «turno». Escribe Mitrídates: «Una, y siempre la misma, desde hace mucho tiempo, es la razón por la que los romanos hacen la guerra contra todos, poblaciones, repúblicas, reinos: el deseo insaciable de dominio y riquezas (*cupido profunda imperii et divitiarun*) (*Historiae*, IV, frg. 69, § 5)».[7]

Y a continuación Mitrídates proporciona un cuadro muy efectivo del fenómeno de ese progresivo avance, incluso geográficamente: primero Macedonia, luego Siria, después Pérgamo y ahora el reino del Ponto. En Occidente —continúa— fueron detenidos por el océano, en Oriente tarde o temprano le llegará el turno al reino de los partos: «Todo lo que poseen los romanos es fruto de la rapiña: casas, esposas, tierras, imperio» (§ 17).

Nos faltan algunos elementos para poder evaluar plenamente esta eficaz «fabricación» salustiana. (Si bien es cierto que nunca se ha extinguido del todo la voz de quienes consideran la carta auténtica, al menos en la sustancia). Sin contexto, la carta —transmitida en una antología oratoria de origen tardoantiguo— se presenta al lector moderno como una vehemente denuncia del imperialismo romano. Pero el contexto, sin embargo, nos habría ayudado a comprender si para Salustio eso no era más

7 En la reciente ed. Ramsey (Loeb Library, 2015) IV, 60. [N. del A.]

que una muestra de su bravura, una pausa narrativa necesaria. Sea como fuere, hemos de tener en cuenta una anotación pertinente que procede de Harald Fuchs (1938),[8] un estudioso que ha abordado en profundidad el fenómeno de la *resistencia espiritual contra Roma.* Algunos historiadores romanos —observa (p. 15)— adoptan «la palabra de los adversarios de Roma», y le dan espacio oratorio a tal palabra, *en cuanto «retrato artístico»* (*Kunstmittel*). Y, dejando aparte la eficacia del contenido, esta pudo haber sido también la razón por la que Salustio incluyó en el libro IV de sus *Historiae* la vehemente recriminación de Mitrídates.

8 Harald Fuchs, *Der Geistige Widerstand Gegen Rom in Der Antiken Welt*, De Gruyter, Berlín, 1938. [N de la T.]

11

La anti-Roma en Roma

Los argumentos del Mitrídates de Salustio son reiterados por Pompeyo Trogo (finales del siglo I d. C.) en varios lugares de sus *Historias filípicas* que solo conocemos a través del *Epítome* de un tal Juniano Justino. Así, por ejemplo, en la intervención —referida en forma indirecta— de Demetrio, rey de los ilirios, dirigida a Lucio Emilio Paulo (cónsul en el 219 a. C.): «No contentos con los confines de Italia, los romanos les hacen la guerra a todos los reyes, porque han concebido la ímproba esperanza (*improba spes*) de dominar el mundo» (XXIX, 2, 2). En el libro XXXVIII, Trogo atribuía a Mitrídates una intervención muy extensa —que también aparece así en el *Epítome*— consistente en una circunstanciada acusación contra el constante recurso por parte de Roma a guerras de agresión motivadas y justificadas de manera engañosa. El Mitrídates de Trogo es todavía más elocuente que el Mitrídates de Salustio (que tal vez haya sido su modelo) y tiene una teoría propia en torno a la matriz ideológica del imperialismo romano: estos [los romanos], dice, odian a los reyes en cuanto tales —y por tanto los agreden o los engañan o intentan derrocarlos— debido a la experiencia negativa que ellos mismos han tenido de la monarquía (XXXVIII, 6, 7: «¡Habían tenido reyes tales que se avergonzaban hasta de sus nombres!»). En esta intervención, casi un «manifiesto», Mitrídates, a punto de liberar Asia de la dominación romana, confía en el éxito de la empresa que está a punto de emprender: «Asia lo está esperando», «hasta tal punto la rapacidad de los procónsules, los robos de los publicanos y las falsas acusaciones en los procesos han suscitado el odio hacia los romanos» (XXXVIII, 7, 8).

Pompeyo Trogo, originario de la Galia Narbonense, pudo haber sentido también como propias algunas de las quejas que le atribuye a Mitrídates.

De premisas biográficas y de ideales completamente distintos parte Cornelio Tácito en el mismo período de tiempo. Por ello, sorprende más aún la eficacia con la que da la palabra a un líder britano, Calgaco, que explica a sus combatientes, ante la inminencia de la batalla en la que serán derrotados por el general romano Cneo Julio Agrícola (suegro de Tácito), la despiadada e hipócrita ferocidad del invasor romano.

El discurso oratorio de Calgaco, evidentemente imaginado por Tácito, está incluido en la *Vida de Agrícola.* Se trata de la primera obra historiográfica de Tácito (98 d. C.), publicada inmediatamente después de la muerte de Domiciano (96 d. C.), que también había actuado con insidiosa malevolencia contra Agrícola. Ya en esta primera obra de Tácito, que entonces tenía más de cuarenta años, se entrelazan los elementos que conformarán la sustancia de sus obras posteriores: el mal príncipe (en este caso Domiciano) que con sus acciones socava la «solución» augustea (*pax* a cambio del gobierno de un *princeps*); la conciencia de que el mundo externo al imperio podría reaccionar de manera alarmante ante la presión imperialista romana; el temor, o al menos el presentimiento, de que aquella poderosa máquina de guerra proyectada hacia el dominio «mundial» podía haberse atascado. De ahí la fuerza de la célebre denuncia de

Calgaco: «Después de haberlo asolado todo, dicen que han establecido la paz» (*Agrícola*, 30: *ubi solitudem faciunt, pacem appellant*). Y los términos que utiliza Calgaco para designar los procedimientos típicos de los romanos se suceden mediante una despiadada ráfaga de verbos en infinitivo: *auferre, trucidare, rapere.* Aquí es claro que se trata de algo más que del simple recurso retórico, usado para lograr el equilibrio artístico de la obra historiográfica, consistente en hacer hablar al adversario que inevitablemente será derrotado. Aquí se percibe la idea de que tal vez se ha llegado al límite y que, por tanto, podría haber comenzado el declive. De ahí también que su mirada se vuelva con curiosidad e inquietud hacia la realidad del mundo germánico en el justamente célebre opúsculo sobre *Germania.*[9]

Treinta años antes, en el último período del reinado de Nerón, el filósofo Séneca había hecho una profunda reflexión autocrítica: había comenzado a plantearse algunas

9 En *Germania* (en latín: *De origine et situ Germanorum*), escrito hacia el año 98, Tácito trata de los diversos pueblos de Germania contrastando su vitalidad y virtud frente a la debilidad y corrupción de la sociedad romana. [N. de la T.]

cuestiones sobre el fundamento mismo de la esclavitud (*Epístola* 47, del corpus de las *Cartas a Lucilio*). Filones de pensamiento griego lo habían precedido, al menos a partir del sofista Antifonte. Pero la de Séneca ya no era solo una reflexión teórica. Muy consciente del circuito guerra-esclavitud-guerra, en esa epístola, observa que incluso a la flor y nata de la juventud romana, destinada por nacimiento a liderar el imperio, le pudo haber sucedido —y todavía le podía suceder— que, a raíz de una derrota, se convirtiera en esclava del vencedor, tal como les había ocurrido, en el año 9 d. C., a tantos *splendissimi nati* que habían caído en la trampa mortal del bosque de Teutoburgo[10] (*Ep.* 47, 8).

10 La batalla del bosque de Teutoburgo (año 9 d. C.) se libró entre una alianza de tribus germánicas encabezada por el caudillo Arminio y tres legiones romanas dirigidas por Publio Quintilio Varo, que fueron aniquiladas. [N. de la T.]

12

Genocidios

Pero la alarma en este sentido había surgido mucho antes, al menos en algunos círculos intelectuales. Lo encontramos documentado, no obstante la pérdida de mucha de la literatura de la época, en el quinto libro de *De rerum natura* de Lucrecio, de hacia mediados del siglo I a. C., es decir, ciento cincuenta años antes que Tácito. Sabemos muy poco sobre Lucrecio. Lo que parece seguro es que frecuentó el círculo de Cicerón y su hermano Quinto hacia el año 54 a. C. (Cicerón, *ad Quintum fratrem,* II, 9). A pesar de sus repetidas proclamaciones de absoluta fidelidad —«al pie de la letra» (III, 3-4)— al pensamiento de Epicuro, Lucrecio fue más allá. Estaba claramente condicionado por la realidad circundante de la república imperial romana: por su feroz lucha política, siempre al borde de una guerra civil, y por su política de conquista, cuyo vehículo —como lamenta Demetrio, gobernante ilirio, de Trogo— era una especie de guerra permanente contra el mundo. Y fue la reacción a esa sobrecogedora realidad circundante la que hizo de Lucrecio un pensador original, a nivel político y también religioso, que procedió de manera autónoma respecto a Epicuro, su remoto maestro.

Lucrecio teoriza sobre el hecho de que el origen mismo de la guerra es un efecto del nacimiento de la «propiedad privada» (V, 1112), en cuanto «res inventa est aurumque repertum».[11] Llama la atención la expresión «cuando se inventó la propiedad (*res*)». El filósofo poeta proyecta en un pasado remoto una justa y pacífica monarquía paternalista, en cuya elección contaba también el criterio de la «belleza» (1109-1111). Condena explícitamente la guerrera pulsión imperial (1129-1130): «mejor obedecer en silencio (*parere quietum*) que aspirar al dominio sobre reyes y riquezas (*quam regere imperio res velle et regna tenere*)». Sería difícil encontrar una formulación que estuviera más en las antípodas de la ética imperialista romana. Son versos «escandalosos» para la ética romana. Y de hecho Virgilio los ataca en el

11 «Cuando se inventó la propiedad, se encontró el oro», es decir, inició la acumulación primitiva. [N. de la T.]

libro sexto de la *Eneida* cuando le hace decir a Anquises, padre de Eneas, durante el encuentro en el Hades: «¡Tú, romano, recuerda que gobernar el mundo es tu deber!» (VI, 851: *Tu regere imperio populos, Romane, memento!*). Todo lector se da cuenta de que «tu regere imperio», al principio del verso, es la respuesta al «quam regere imperio» de Lucrecio, también al inicio del verso.

La condena de la guerra por parte de Lucrecio es total. Al final del quinto libro recuerda que si bien es cierto que la humanidad primitiva estaba expuesta al riesgo de ser atacada por bestias feroces, hoy las guerras envían a la muerte en un solo día a masas humanas mucho más numerosas (V, 996-1000). De ahí su propuesta —claro está «utópica», pero afirmada con fuerza— de un retorno a la *vita prior* (1105), en la cual se vive «con poco» y «del poco nunca hay penuria» (1118-1120). Y es la doctrina de Epicuro —afirma— la «verdadera filosofía» que llevará a la humanidad de regreso a aquel remoto estilo de vida (1117: *si quis vera vitam ratione gubernet*).[12] Esta mirada

12 «Si la vida se gobierna por la verdadera razón». [N. de la T.]

a un pasado remoto no es algo nuevo en el pensamiento utópico antiguo: la caída de la mítica «edad de oro». Es una idea de progreso frente al desastre circundante, que en realidad propugna un «retorno». Hoy se diría «un feliz decrecimiento».

Los años, los decenios de guerras civiles habían contribuido a sugerir a algunos esa solución. Sigue sorprendiéndonos en un autor como Horacio, más tarde reconciliado consigo mismo y con el poder y, por consiguiente, proclive a una interpretación reductiva y banal del epicureísmo, el tono apocalíptico del epodo XVI, tal vez fruto del clima enfurecido del combate librado en Filipos (42 a. C.) entre ejércitos romanos enfrentados en el campo de batalla. Una batalla en la que, por otra parte, Horacio se encontró «del lado equivocado» (por más que en el resto de su vida nunca volvería a cometer tal error). Tras el desastroso resultado de la campaña militar, que culminó con la derrota de los «republicanos», Horacio, desorientado y tal vez inseguro acerca de su futuro, estalla en un grito de dolor con el que comienza el epodo XVI: «¡Otra generación es destruida en guerras civiles!» y concluye vaticinando una invasión de «bárbaros» capaces de penetrar victoriosamente hasta Roma.

En los años siguientes, algunos de los elementos de la visión lucreciana entraron a formar parte de la tradición poética. Ese será el caso de la elegía de Tibulo (I, 10) contra la guerra. El poeta pertenece a una generación posterior a la de Horacio, es unos diez años más joven. Según algunos (como F. Della Corte) la guerra de la que habla Tibulo podría ser la *Bellum Actiacum* (la batalla de Azio), el enfrentamiento final entre César Octaviano y Marco Antonio (31 a. C.). En aquella crisis decisiva intervino el protector de Tibulo, Marco Valerio Mesala Corvino, quien había asumido aquel año el cargo de cónsul junto con Octaviano. Pero pocos años más tarde se le encomendó al mismo Mesala una campaña en Aquitania realmente ardua, que le llevó al triunfo y, a menudo, se ha conjeturado también que Tibulo se refiera a esta. Ciertamente en la batalla de Azio la movilización de combatientes, incluidos jovencísimos, fue enorme: ese es un hecho que destaca Dion Casio (L, 6, 4) cuando habla de los preparativos con vistas a la gran batalla, ya fuera por parte de Octaviano como por la de Marco Antonio.

Pero, aunque los argumentos sean frágiles, no se puede ignorar que en la *Vita Tibulli* de Suetonio se habla únicamente de la campaña de Aquitania. Y, sobre todo, no se puede pasar por alto que, para Tibulo, es la guerra como tal la causa del malestar, así como el crimen que hay que condenar. Y son tonos lucrecianos los que utiliza: las armas se inventaron para luchar contra las fieras salvajes (*in saevas feras*), ha sido el oro el que ha desencadenado los conflictos; cuando uno se contentaba con un cuenco de haya de una comida modesta no había guerras (I, 10, 6-8). Es exactamente la teoría lucreciana de la *vita prior* basada en el «vivir de poco» porque «del poco no hay nunca penuria» la que vuelve aquí. Así como asoma el nexo ineludible entre propiedad y conflicto. La guerra considerada como vehículo de la «acumulación primitiva» es la visión crítica, minoritaria, perdedora, frente el despliegue del «modo de producción bélico».

Y es perdedora por muchas y evidentes razones, como las ya mencionadas en la salustiana *Carta de Mitrídates*. Y una prueba ulterior de ello la da un fenómeno típico del mundo romano: la autoexaltación de las guerras que los grandes potentados libraron y ganaron en obras literarias que precisamente tienen esa finalidad. *Commentarii* sobre las propias guerras los escribieron: Sila, Lúculo, César, Octaviano Augusto. Y más aún los emperadores a partir de los de la dinastía Flavia, entre los que destaca Tito, el destructor del Templo de Jerusalén, el cual, según testimonia Flavio Josefo, deportó a Italia alrededor de 100 000 prisioneros, después de haber llevado a cabo, en tres meses de asedio y guerra de exterminio, un genocidio de cerca de un millón de hebreos (Josefo Flavio, *De bellum Iudaicum*, VI, 420-421). «Delicia del género humano» lo definió el servil aparato propagandístico que, al mismo tiempo, exaltaba en él al guerrero victorioso, como se afanó en hacer el poeta cortesano Valerio Flaco en el prefacio de sus indigeribles *Argonáuticas* (I, 13-14).

13

Una visión exterior: el imperialismo romano visto por los judíos

Los judíos estudiaron atentamente a los romanos. Muy pronto, mucho antes que Lucrecio, los judíos —que habían reconquistado su libertad gracias a Judas Macabeo— comprendieron cómo funcionaba el imperialismo romano, con su «modo de producción bélico». Fue cuando establecieron contacto y llegaron a acuerdos con Roma, en un momento en que Roma podía beneficiarse de la alianza con ellos en función antiseléucida. La era presumible es en torno al 160 a. C.

«Judas Macabeo —se lee en el *Libro I de los Macabeos*, 8— oyó hablar de los romanos como un pueblo militarmente poderoso que mostraba benevolencia hacia todos aquellos que se ponían bajo su protección».

El autor anónimo de esta importante obra historiográfica, escrita probablemente hacia el año 100 a. C., e incorporada como «apócrifa» al Antiguo Testamento, explica que Judas Macabeo «recogió preventivamente información sobre los romanos para conocerlos». Le habían llamado la atención —continúa— las noticias acerca de su capacidad para conquistar y controlar incluso regiones que se encontraban muy alejadas de Roma, como la Galia y España. Y había apreciado y admirado «lo que habían hecho en tierras de España para apoderarse de las minas de plata y oro de aquella región». Habían sido capaces de someter a todo el país a pesar de estar tan lejos (I *Mac* 8, 3-4).

Mirar con interés y buena disposición a Roma, vencedora de Antíoco III, el gran soberano seléucida de Siria (190-188 a. C.), era para el Estado judío una opción casi obvia para garantizar su propia seguridad. Pero aquí lo más importante es subrayar, y apreciar, el «diagnóstico preventivo»: el hecho de ir a informarse de cómo funcionaba la guerra de los romanos contra el «mundo» y cómo relacionarse con ellos («benevolentes con quienes se ponen bajo su protección»). No se hacían ilusiones, pero no habían previsto que también hacia ellos esa «benevolencia» se agotaría. Y casi emblemáticamente esto sucedió al día siguiente de la extinción de los seléucidas: con la creación de la provincia romana de Siria y la reducción de Judea a súbdito tributario de la República romana (63 a. C.).

Índice onomástico

Índice de pasajes citados

Índice de temas

Este libro se terminó de imprimir el 3 de octubre de 2025.
Gracias por el tiempo dedicado a su lectura.
Si quieres conocer otros libros publicados por
Punto de Vista Editores, visítanos en
puntodevistaeditores.com
También puedes seguirnos a través de
las redes sociales

Historia y pensamiento

1. *La España del maquis (1936-1965)* 2.ª ed.
   José Antonio Vidal Castaño
2. *Tahuantinsuyu. Historia del Imperio inca* 2.ª ed.
   María Rostworowski
3. *Historia de Occidente*
   Luis E. Íñigo
4. *El roble y la estepa. Alemania y Rusia desde el siglo* XIX *hasta hoy*
   Carlos Fernández Pardo y Alberto Hutschenreuter
5. *El marqués de la Ensenada. El secretario de todo* 2.ª ed.
   José Luis Gómez Urdáñez
6. *Los guardianes de la sabiduría ancestral. Su importancia en el mundo moderno* 3.ª ed.
   Wade Davis
   Traducción de Juan Fernando Merino y Juan Manuel Pombo
7. *Resplandor en las tinieblas nazis. Retratos de la resistencia judía olvidada durante el Holocausto*
   Mario Sinay
8. *Textos fundamentales para la Historia*
   Miguel Artola
9. *Rukeli. Johann Trollmann y la resistencia romaní antinazi*
   Jud Nirenberg
   Traducción de Ismael Gómez
10. *La serpiente líquida. Un viaje amazónico con los chamanes y las plantas maestras*
    Alfonso Domingo

11. *Medicina antigua. De Homero a la peste negra*
ORLANDO MEJÍA RIVERA

12. *Fernando VI y la España discreta* 2.ª ed.
JOSÉ LUIS GÓMEZ URDÁÑEZ

13. *Mujeres silenciadas en la Edad Media* 6.ª ed.
SANDRA FERRER

14. *Ramón Menéndez Pidal*
JOSÉ IGNACIO PÉREZ PASCUAL

15. *Medicina arcaica. De las enfermedades prehistóricas a los papiros médicos del antiguo Egipto*
ORLANDO MEJÍA RIVERA

16. *Víctimas del absolutismo. Paradojas del poder en la España del siglo XVIII* 2.ª ed.
JOSÉ LUIS GÓMEZ URDÁÑEZ

17. *La democracia en palabras*
JOAN NAVARRO Y MIGUEL ÁNGEL SIMÓN (EDS.)

18. *Inspiración y talento. Dieciséis mujeres del siglo XX*
INMACULADA DE LA FUENTE

19. *Doña Francisca Pizarro. La ilustre hija del conquistador*
MARÍA ROSTWOROWSKI

20. *Historia del Perú contemporáneo. Desde las luchas por la Independencia hasta el presente*
CARLOS CONTRERAS Y MARCOS CUETO

21. *Filosofía para una vida peor. Breviario del pesimismo filosófico del siglo XX* 2.ª ed.
ORIOL QUINTANA

22. *César contra Vercingétorix*
LAURENT OLIVIER
TRADUCCIÓN DE NURIA DURÁN

23. *Pospornografía. Estética y comunicación en la era viral*
JULIO PÉREZ MANZANARES

24. *Esperando a los robots. Investigación sobre el trabajo del clic*
Antonio A. Casilli
Traducción de Juan Riveros

25. *El movimiento sofístico*
G. B. Kerferd
Traducción de Ignacio Etchart

26. *Diarios completos*
Manuel Rico

27. *Miseria y gloria de la crítica literaria*
Edición y prólogo de Constantino Bértolo

28. *Historia cultural de la medicina. Vol. 1. Medicina arcaica. De las enfermedades prehistóricas a los papiros médicos del antiguo Egipto*
Orlando Mejía Rivera

29. *Historia cultural de la medicina. Vol. 2. Medicina antigua. De Homero a la peste negra*
Orlando Mejía Rivera

30. *Historia cultural de la medicina. Vol. 3. Medicina renacentista. De Leonardo da Vinci a la sífilis*
Orlando Mejía Rivera

31. *La condición del hombre corriente. Ensayo sobre el humanismo de George Orwell*
Oriol Quintana
Traducción de Pol Ruiz de Gauna e Irene Baucells de la Peña

32. *Estética de la tragedia. La expresión de la muerte en el arte europeo del siglo xx* 2.ª ed.
Germán Piqueras

33. *El absolutismo ilustrado y los pobres. Asistencia y represión en el Madrid del siglo xviii*
Jacques Soubeyroux

34. *Estímulo y censura. Una aproximación al sistema literario de la RDA*
Ibon Zubiaur

35. *Leyendas de los mapas. Una lectura geopoética de la cartografía* 2.ª ed.
Pedro García Martín
Prólogo de Julio Llamazares

36. *El laboratorio de la naturaleza. La montaña y la imagen del mundo desde el Renacimiento al Romanticismo*
Paola Giacomoni
Traducción de Álida Ares
Prólogo de Eduardo Martínez de Pisón

37. *Peajes de la crítica latinoamericana*
Wilfrido H. Corral

38. *Sol. Mitos, historia y sociedades*
Emma Carenini
Trad. del francés de Salomé Landivar y Melina Blostein

39. *La memoria de Borges. Lectura, símbolos y ficción*
Miguel Antón Moreno
Prólogo de Fernando Castro Flórez

40. *Retratos con Federico*
Sergio Téllez-Pon

41. *Pensamientos*
Blaise Pascal
Edición y traducción de Mauro Armiño
Prólogo de Francesc Torralba Roselló

42. *Enemigos de Hitler. Juventud y resistencia en la Alemania nazi*
Guillermo García Domingo

43. *Al desnudo. El cuerpo griego y romano*
Caroline Vout
Traducción del inglés de Amelia Pérez de Villar

44. *Micropolítica del amor. Deseo, capitalismo y patriarcado*
MYRIAM RODRÍGUEZ DEL REAL, JAVIER CORREA ROMÁN

45. *Acoso y derribo. Pensamiento literario y disidencia política en la posguerra española*
SANTOS SANZ VILLANUEVA

46. *Ilusorias. Las imágenes del poder*
PEDRO GARCÍA MARTÍN
PRÓLOGO DE CARLOS GARCÍA GUAL

47. *Bukowski. Rey del underground*
ABEL DEBRITTO

48. *El monstruo como condición humana. Antropoceno y colapso de la civilización*
ADRIANO MESSIAS
TRADUCCIÓN DE JOSÉ LUIS SANSÁNS

49. *Mujeres silenciadas en el Renacimiento. 1. La corte, la Iglesia y los límites de la ortodoxia*
SANDRA FERRER

50. *Historias bajo el mar*
PIETRO SPIRITO
TRADUCCIÓN DE ÁLIDA ARES

51. *Historia cultural de la medicina. Vol. 4. Medicina moderna. De William Harvey al descubrimiento de los gérmenes*
ORLANDO MEJÍA RIVERA

52. *El libro en tiempos de guerra. Bibliotecas y lectores en épocas de conflicto*
ANDREW PETTEGREE
TRADUCCIÓN DE AMELIA PÉREZ DE VILLAR

53. *El mundo según Hannah Arendt*
PETER VENMANS
TRADUCCIÓN DE LAURA ALONSO PADULA

54. *Mujeres silenciadas en el Renacimiento. 2. Las artes, las ciencias y las primeras feministas*
Sandra Ferrer

55. *Carlomagno*
Bruno Dumézil
Traducción de Lourdes Martínez Pérez

56. *Guerra y esclavos en Grecia y Roma. El modo de producción bélico*
Luciano Canfora
Traducción de Álida Ares

57. *Catilina. Una revolución fallida*
Luciano Canfora
Traducción de Álida Ares